Zhongguo Wenhua
Zhishi Duben

中国文化知识读本

主编

金开诚

编著

于丹　王束

湘西文化

吉林出版集团有限责任公司

吉林文史出版社

图书在版编目（CIP）数据

湘西文化 / 于丹，王栜编著 . 一长春：吉林出版
集团有限责任公司：吉林文史出版社，2009.12（2022.1重印）
（中国文化知识读本）
ISBN 978-7-5463-1710-6

Ⅰ . ①湘… Ⅱ . ①于… ②王… Ⅲ . ①文化史 – 湘西
土家族苗族自治州 Ⅳ . ① K296.42

中国版本图书馆 CIP 数据核字（2009）第 236918 号

湘西文化

XIANGXI WENHUA

主编/ 金开诚　编著/于丹 王栜

项目负责/崔博华 责任编辑/曹恒 于涉

责任校对/王文亮 装帧设计/曹恒

出版发行/吉林文史出版社　吉林出版集团有限责任公司

地址/长春市人民大街4646号　邮编/130021

电话/0431-86037503　传真/0431-86037589

印刷 / 三河市金兆印刷装订有限公司

版次 /2009 年 12 月第 1 版　2022 年 1 月第 3 次印刷

开本/ 650mm×960mm　1/16

印张 /8　字数 /30千

书号/ ISBN 978-7-5463-1710-6

定价/ 34.80元

关于《中国文化知识读本》

文化是一种社会现象，是人类物质文明和精神文明有机融合的产物；同时又是一种历史现象，是社会的历史沉积。当今世界，随着经济全球化进程的加快，人们也越来越重视本民族的文化。我们只有加强对本民族文化的继承和创新，才能更好地弘扬民族精神，增强民族凝聚力。历史经验告诉我们，任何一个民族要想屹立于世界民族之林，必须具有自尊、自信、自强的民族意识。文化是维系一个民族生存和发展的强大动力。一个民族的存在依赖文化，文化的解体就是一个民族的消亡。

随着我国综合国力的日益强大，广大民众对重塑民族自尊心和自豪感的愿望日益迫切。作为民族大家庭中的一员，将源远流长、博大精深的中国文化继承并传播给广大群众，特别是青年一代，是我们出版人义不容辞的责任。

《中国文化知识读本》是由吉林出版集团有限责任公司和吉林文史出版社组织国内知名专家学者编写的一套旨在传播中华五千年优秀传统文化，提高全民文化修养的大型知识读本。该书在深入挖掘和整理中华优秀传统文化成果的同时，结合社会发展，注入了时代精神。书中优美生动的文字、简明通俗的语言、图文并茂的形式，把中国文化中的物态文化、制度文化、行为文化、精神文化等知识要点全面展示给读者。点点滴滴的文化知识仿佛繁星，组成了灿烂辉煌的中国文化的天穹。

希望本书能为弘扬中华五千年优秀传统文化、增强各民族团结、构建社会主义和谐社会尽一份绵薄之力，也坚信我们的中华民族一定能够早日实现伟大复兴！

目录

一 湘西文化溯源..............................001

二 湘西文化的特点............................041

三 湘西文化的丰富内容........................053

四 湘西文化的现代化转型......................115

一 湘西文化溯源

湘西风光

（一）湘西的地域划分

　　湘西——湖南的西部，一个字面上很容易理解的行政区域名称。然而，这块位于湘、鄂、渝、黔四省市交界处的多民族聚居的土地，却远比我们耳熟能详的这两个汉字复杂与神奇。

　　湘西成为今天这一地域概括性的称呼，源于湖南行政区的设置所形成的地理概念。湖南以在洞庭湖之南而得名，但湖南作为名称使用，始于唐广德二年(764年)所设湖南观察使，其后宋代设湖南路，清代设湖南布政使司，均沿用了"湖南"称号，直至形成了今天的省名。因湘江之故，湖南被简称为"湘"，其地理被概括为"三湘四水"。"四水"

即湘、资、沅、澧四条江河，这基本上无异议。而"三湘"则有多种说法，如称漓湘、潇湘、蒸湘；或称潇湘、蒸湘、沅湘；也有说湘乡为上湘，湘潭为中湘，湘阴为下湘，但这些说法均有不足之处，难以概括全省。其实"三湘"源于行政区划的设置。民国建立后，北洋政府颁布省、道、县的行政设置，对清王朝的行政区划进行调整，去府、厅而存道、县，全省调整为湘江道、衡阳道、辰沅道三道。湘江道位于湖南北部，治所长沙，辖区相当于今岳阳、长沙、湘潭、益阳、娄底等市的全部及常德、邵阳、株洲等市的大部。衡阳道位于湖南南部，

晨雾中的湘西古城

湖南长沙湘江风光

治所衡阳，辖区相当于今衡阳、永州、郴州等市的全部及株洲、邵阳等市的一小部。辰沅道位于湖南西部，治所芷江，辖区相当于今张家界市、湘西自治州、怀化市的全部及常德、邵阳等市的一小部。三个道将湖南分为三块，依各道地理方位，有了湘北、湘南、湘西的地理区域划分。因湘北的湘江道和湘南的衡阳道实际上占据了湖南的整个东部，导致了湖南近代历史上没有了湘东这个大地理概念。

现在我们所说的湘西，一般是狭义的湘西，仅指1957年9月成立的湘西土家族、苗族自治州，即小湘西。而我们"湘西文化"

武陵山区风光

的论述范围是广义上的湘西，指雪峰山以西，沅水中上游，澧水中上游的整个武陵山区，相当于湖南省张家界市、湘西自治州、怀化市的全部和常德市、邵阳市的一小部分，以及相邻的重庆市、湖北省、贵州省的一些地方。

（二）湘西文化的源流

湘西作为中部地区的五溪蛮地和土家、苗、侗、汉等多个民族的聚居之地，风俗习惯扑朔迷离、丰富多彩。现在一种通行的认识是，湘西文化是以土著文化为潜流，以楚文化为主流，以巴文化为干流，以汉文化为显流的多元一体的地域文化。

凤凰古城拉渡船

风景秀丽的湘西古城

湘西文化

1.以土著文化为潜流

若论及湘西文化的源流，不可否认，在巴、楚文化未流播湘西文化之前，湘西土著人创造了土著文化，虽然这种文化在湘西文化大格局中至今影响甚微，但它仍作为湘西文化的潜流而潜存着。它具体表现为旧石器时代的水文化、新石器时代的浦市遗址文化与高坎垄遗址文化以及青铜时期的百濮文化。

水文化，即在湘西五溪境内所发现的一种旧石器时代文化，是在沅水支流水两岸首先发现，从考古实物资料看，文化除了石器的形制特殊、石器的打制方法简单、

浦市民居

石料较为单一 (主要是河床里的沙岩砾石) 外, 它还有两个显著特点: 一是由于水文化的地点都位于阶地上, 这就构成了它区别于华南地区旧石器洞穴遗址的显著特点; 二是以砾石砍砸器为代表, 构成了潕水文化的又一显著特点。

浦市遗址出土的薄胎夹砂褐陶或红陶绳纹罐以及橙黄陶上施赭色彩的陶罐，是洞庭湖区大溪文化中所没有的。高坎垄遗址的文化因素，也有其明显的地方特色，特别是出土了与图腾崇拜有关的犬形陶塑，就更进一步体现了高坎垄遗址的地方性和民族性。广为流传的盘瓠神话就发生在五溪地区。这些犬形陶告诉人们一个历史事实：湘西五溪地区曾有一支以盘瓠（犬）为图腾的氏族，说明高坎垄新石器时代遗址是南方蛮夷集团中崇拜盘瓠（犬）的氏族所创造的一种原始文化。

大溪文化彩陶圈足罐

战国时期青铜剑

百濮文化。湘西的文物普查表明，仅怀化市和原湘西州十县（市）就发现商周遗址近330处。春秋战国时期的遗址，现已发现220余处，墓葬群30多处330余座，城址2处，古铜矿井2处，窖址2处。从已清理的战国墓葬中，发现一种具有明显地方特点，有别于楚文化和巴文化的土著文化。在已发掘的战国墓葬和遗址中，出土了一批楚式剑、吴越剑和巴式剑。同时，还在保靖四方城、辰溪米家滩、溆浦马田坪、慈利官地、常德官山出土了一批形制特殊的青铜剑，如保靖1式剑、保靖3式剑等。有学者认为，这应是一支独立的青铜文化。

这种青铜文化的创造者应该就是湘西的原始居民与"百濮"融合后的土著人。

2.以楚文化为主流

春秋初期，楚国首领蚡冒进取黔中（今湘、鄂、渝、黔交界之地），开辟林树丛生的濮地。特别是公元前523年，楚平王率"舟师以伐濮"，循沅水而上，用武力夺取了包括酉水地区在内的整个湘西，辰沅一带成了楚国的边陲重地。楚人入主酉水地区后，随之带来的先进文化在土著民族中开始产生了

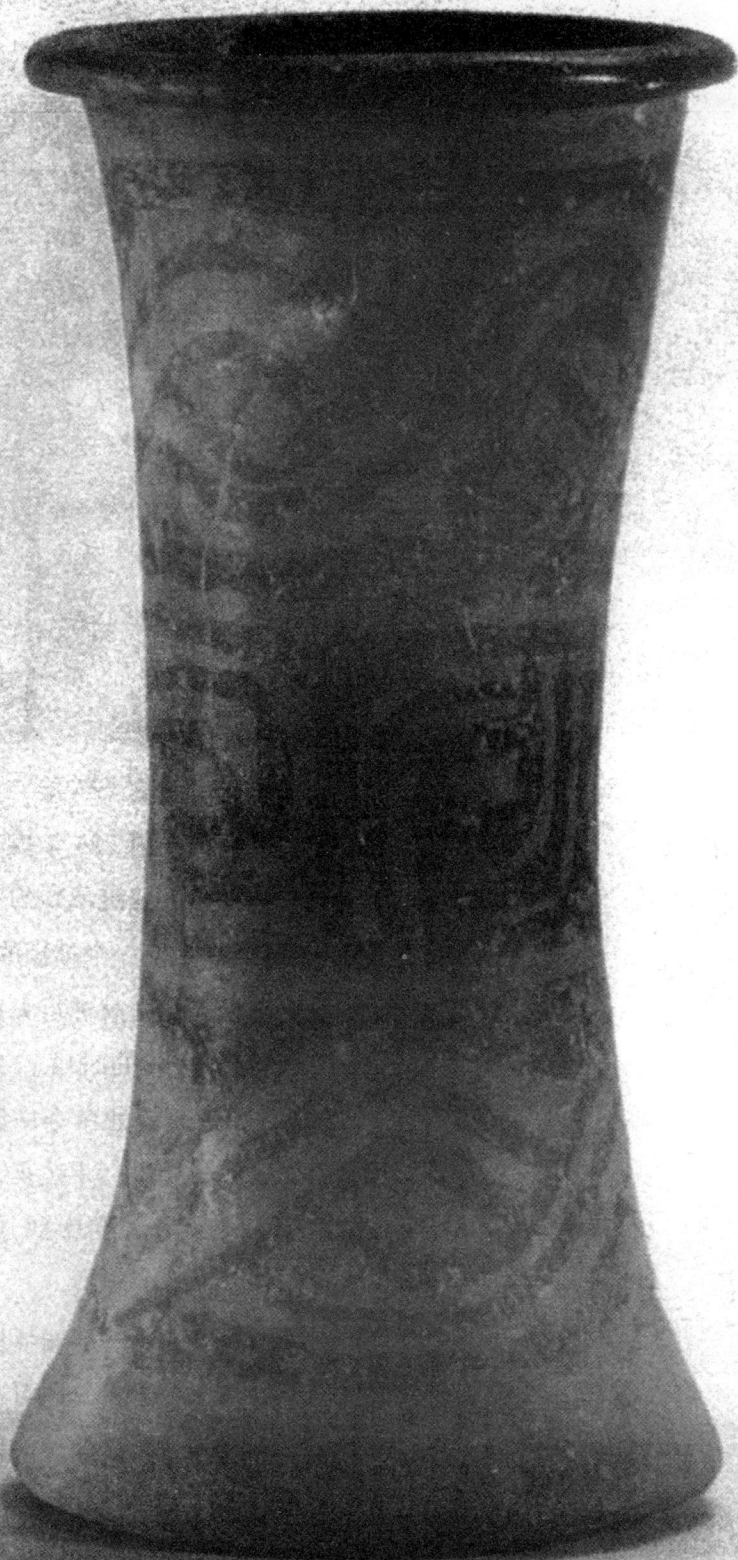

沅水奔流不息

强烈的影响。

如从楚平王公元前 523 年"为舟师以伐濮"算起，到公元前 223 年秦王翦虏楚王负刍而楚亡止，辰沅属楚的历史恰是整整三百年。这不是一个很短的时间，楚国对辰沅一带紧锣密鼓进行大规模开发是在国势走下坡路的时候。公元前 382 年左右，由于楚向北争夺中原受挫和西北面强秦威胁日重，才认真在军政上经营辰沅这片后院，设黔中郡，并把郡治设在沅水中游之处的沅陵。

由于湘西地区独特的地理环境和民族性格，使得中原统治者长期对这一带只采用羁縻政策，而不敢轻易来开发触动这山高水险、民风强悍的边陲之地。无论是秦汉至南北朝

沅陵凤凰山风光

时期推行的郡县制，还是隋唐至宋推行的羁縻州制，历代统治者在南方各民族地区，主要实行"树其酋长，使其镇抚"的羁縻政策，对于湘西地区也不例外。元、明及清初数百年土司制度是羁縻州制度的进一步发展，其间"蛮不出境，汉不入峒"。湘西特别是辰沅对中原而言，便长期封锁了。居住于澧沅水系上的楚人和他们的文化也因此而得以免于被中原文化统治得面目全非。清初改土归流以来，汉民大量涌入湘西，随着清廷对湘西澧沅水系诸镇的军事进一步加强，中原文化的输入也增大了规模。这些汉人所带来的儒释道文化，

湘西苗王府外景

在这里也难免不被历史悠久、源远流长的楚文化在一定程上巫化了。清廷迫于苗民的反抗，将主要精力放在对辰沅西部山区苗人的剿抚上，对辰沅间楚文化无暇去刻意冲刷。故当他们为镇压苗族而把辰沅军事重镇移向沅水西部逼近苗山的小小支流边的凤凰山城时，由辰沅中上游一带充当绿营兵丁参加镇压苗族的楚人，一时间大量涌入，造成了楚文化的一次重新整合和张扬，在这里发出了一抹耀眼的光芒。可以说，楚文化已经以活化石形态遗存于湘西这块古濮之地，它已渗透到了湘西的土著民族之中。在如今的土家、苗、瑶、侗等民族中，仍保留着相当多的楚文化的要素。

3.以巴文化为干流

在湘西，特别是在土家族活动的澧水流域与沅水支流酉水、武水流域，巴文化的影响是较大的，从而巴文化与楚文化混融成巴楚文化。土家族是湘西几大主体民族之一，土家族虽然不都是巴人的遗裔，但土家族的主源是巴人。

《太平御览》卷一七一引《十道志》载："故老相传，楚子灭巴，巴子兄弟五人流入黔中曰酉、辰、巫、武、潕等五溪，为一溪之长，故号五溪。"又唐代《元和郡县志》载："辰，蛮夷所居也。其民皆盘瓠子孙，或曰巴子兄弟，人为五溪之长。"

湘西土家族村寨牌坊

这说明巴人很早就进入了湘西。但随着楚文化的强势介入，巴文化也逐渐与楚文化相融合，形成一种"亦巴亦楚"的巴楚文化。最能说明巴、楚文化融为了一体的一件典型器物，是江陵雨台出土的木雕乐器"虎座凤架鼓"。其状，双虎、双凤皆背向，虎仰首踞伏，凤昂首立于虎背；鼓悬于双凤之间系于凤冠之上。凤高大，虎短小，凤轩昂，虎瑟缩。楚人尊凤，巴人以虎为图腾。"虎座凤架鼓"充分说明了两种文化的融合，同时也形象地显示了楚文化与巴文化的主从地位。还有一例，巴人以干栏为居室，今称"吊脚楼"。在鄂西南、湘西北，有这样的土家居俗谚语："左青龙，右白虎，又安静，又热乎""宁肯青龙高万丈，不能白虎抬头望"。"青龙""白虎"分别指住房左右两侧的山，左高右低为最好，反之为禁忌。这显然是楚人"尚左"之风被巴民族接纳的痕迹。至于所谓"不能白虎抬头望"，既可看出巴人对图腾信仰的固守，也可看出巴人对楚人"贱虎"意识的屈就。

4.以汉文化为显流

在湘西，汉文化的流播源远流长，特别

虎座凤架鼓

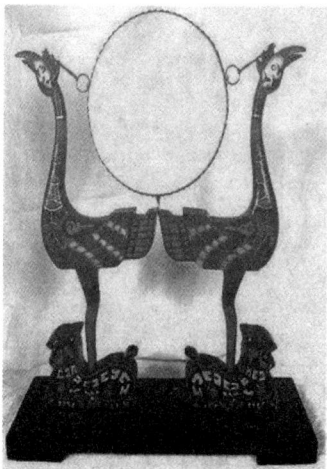

武陵山区交通闭塞

是改土归流后，大量汉人涌入湘西，对湘西文化的进步起了很大的促进作用。迄今，汉语成了土家、苗、侗、汉各族人民交流的共同语言，无论是土家也好，苗族也好，侗族也好，操本民族语言的人是越来越少了。

汉文化在湘西影响很大，但它并没有入主湘西，而只是湘西文化的显流。其一，汉文化主要影响湘西上层文化，而对湘西下层文化的影响则小得多，土家下层文化仍保持着浓郁的巫文化传统。武陵山区是云贵高原的余脉，四面盘山阻隔，河流从山谷穿行，两岸多为狭长台地，交通十分闭塞。历代汉族封建统治者推行"汉不入峒，蛮不出境"的政策，使本来就极闭塞

土家族民居

的土家先民长期生活在文化封闭的环境之中。八百多年土司制度的实施，一方面大量引进汉族文化，造就了土家内部与汉文化关系密切、水平相当的上层文化；另一方面却在下层土家百姓之中，极力维护与固守其原始文化传统，无形中给巫文化的延续提供了便利。梯玛（土家巫师）在今天的鄂西、渝东、黔东南的土家地区已不多见，但在以土家族为主体的湘西龙山、永顺、保靖、古丈等县，至今仍不下百人。仅龙山一县，掌坛梯玛就有五十多位。梯玛依然受到村民的敬重，尽管梯玛的活动被视为迷信，但一般老百姓对之仍然深信无疑。其二，汉文化对湘西文化

湘西土家族村落

湘西龙山风雨桥

土家族节日的热闹
场面

的影响，偏重于物质文化层和制度文化层，而在风俗文化层和心态文化层方面，则影响不大。迄今为止，在湘西，无论是土家族，还是苗族、侗族，对物质层面和制度层面上的汉文化，总的说来是接受较多的。但对于风俗层面上的汉文化，除普遍接受龙的信仰外，则更多地保留着自己民族的风俗习惯，如土家族过赶年和"赶仗"，苗族的"四月八"和赶秋，侗族的"赶坳"，皆历久不衰。特别是这些少数民族风俗活动中的歌舞祀神的巫风，更是弥漫不散。由于湘西文化本质上是巫风尤盛的附魅文化，所以汉文化流播湘西，在很大程度上也被巫化了。例如，湘西人大旱时也抬城隍菩萨求雨，但在求雨仪式中人们却嘻嘻哈哈，娱神娱人，把天旱失收的严峻形势置之脑后，完全是巫风流行。不仅汉文化可以巫化，而且汉人也可被蛮化。现在，土家的大姓主要是田、向、覃、彭、冉。彭氏原为汉人，后来被土家同化了。

湘西文化实质上是由土著文化、楚文化、巴文化和汉文化四流融汇而成，所以呈现出错综复杂的多元一体的文化格局。各民族长期在湘西这方山水中大杂居小聚居，因而各民族文化便相互混融，形成一个我中有你，

你中有我，而又各具个性的多元统一体。

（三）湘西文化的自然环境与社会环境

1.封闭的自然环境

地处武陵山区的湘西，自古以来便被视为一块美丽而神奇的土地。两千多年前的伟大诗人屈原，被楚王流放在湘沅一带的蛮荒之地。流淌着五溪（酉、辰、巫、武、）清流的湘西地区，留下了诗人的足迹。湘西独特的自然世界，是构成湘西文化世界的环境和基础。

湘西的山，重重复重重，正所谓开门见山，山外有山，山中套山。湘西山势险峻，

湘西古丈红石林

八大公山风光

群峰耸立，沟壑纵横，河谷幽深，是一块形胜之地。北部八大公山是全境的最高峰，海拔1890米，莽莽苍苍，浮腾于云雾之中。西部八面山与张家界、洛塔界等大山对峙，山峦重叠，地势险峻。西南腊尔山台地紧靠云贵高原，那里有一座云蒸霞蔚的天星山，是当年苗族起义英雄吴八月与清军血战的古战场，雄峰如利剑穿空，绝壁如刀削斧劈，山腰"之"字形栈道凌空盘上。

这里，不少地区母岩多为石灰岩岩层，形成了许多奇异的石峰、深邃的洞穴、忽隐忽现的阴河。如凤凰齐梁洞、武陵源黄龙洞等，大的可容纳上万人。张家界市的

湘西境内的高山常常云雾缭绕，胜似仙境

天门山，花垣县的摩天岭，海拔都在千米以上，并有多处高宽均达数十米的穿山溶洞。这里，大小溪河共有一千多条，纵横密布，主要有澧水、沅水及其各个支流，如沅水支流酉、辰、巫、武、。这些河流多乱石、暗礁，滩多水险，故有今日茅岩河和猛洞河漂流之旅游胜观。

湘西属于亚热带季风气候，气候温和，四季分明。由于这里地形起伏，平地和高山气温悬殊较大。在高山深谷地带，常常是山麓是亚热带气候，山腰是温带气候，山顶却是寒带气候，真是一山有四季，且雨最充沛，一些高山常常是云雾缭绕、溪流淙淙，多似仙境。

湘西文化

张家界国家森林公园内的奇峰古木

　　湘西是天然的植物园。这里有举世闻名的张家界国家森林公园，有大片大片的原始森林和原始次森林，在原始森林带里有许多奇异珍稀的植物。国家所列的110多个保护树种，在湘西就有20多种。八大公山和天平山的成片珙桐群落为世界所罕见。著名的水杉在一亿年前曾广泛耸立于北美、欧洲和东亚等地，到了第四纪冰川时期，几乎全部毁灭。国外科学家只能在博物馆里看到其化石标本，而在湖南的湘西，古水杉竟顽强地活下来，向游客展露其古老的雄姿。银杏树，也是第四纪冰川期浩劫后的孑遗树种，散生于湘西数地。

湘西独特的地貌景观

湘西又是天然的动物园。境内属于国家保护的珍贵动物有 25 种。如武陵金丝猴和猕猴生活在湘西的深山密林中，它们机警敏捷、攀援如飞。这里的山鸡特别多，有秧鸡、石鸡、野鸡、白鹇、锦鸡、竹鸡。湘西还有世界稀有的两栖动物——大鲵。因其叫声似小孩啼叫，故又称"娃娃鱼"。

一方山水养一方人，奇山异水的湘西自然生态构成了湘西文化世界的环境和基础。湘西独特的自然景观，必将天造地设般地孕育着具有浓郁区域色彩的湘西独特的文化景观。

一是湘西文化注重于生命的存在和雄

湘西风光

强。湘西自然世界是一幅充满生气的生命图画，万木峥嵘，百兽活跃，群峰竞秀，河流奔腾，云舒云卷，气象万千，似乎万物皆有生命。既然千古水杉历经磨难还能顽强地活下来。那么，在任何艰难困苦条件下都能顽强地活下去，应该说是湘西人的一种执著的生命意识。

二是湘西文化注重天人合一，人与自

然浑然一体，张扬人的自然本性。湘西自然环境呈山环水绕之势，一切皆自然天成，浑然一体。如今湘西乡下男人下河洗澡，仍喜欢光着身子立于水中，毫不回避。至于放排下滩搁浅，水手们光着身子在水里边骂边劳作，更是常事。这是大自然的精灵们与大自然融为一体的充满生气的图画，一切都那么真真实实，不遮掩、不造作。

三是较为封闭的地理环境，使湘西文化保留着较为原始的极富神奇色彩的文化风貌，凸现着鲜明的原始性特点。巫风巴雨，人神杂糅，举凡大型民俗节庆，莫不娱人娱神，热闹非凡。加之在这种自然环境基础上形成的受动自足型的山区农耕自然经济，火耕水薅式的生产方式，以及历代王朝奉行的较为宽松的羁縻政策及数百年土司制度，"汉不入峒，蛮不出境"，致使湘西人长期"不知有汉，无论魏晋"，从而使湘西文化成了研究古代文化特别是研究楚巫文化的活化石。

2.贫困的经济环境

农耕自然经济是中国古代社会经济的主体，是中国文化植根的经济基础，也是湘

湘西文化保留着某些较为原始的生产方式

湘西文化

土家族民居内的
生产工具

西文化植根的经济基础。但是湘西这种经济基础是建立在原始落后的生产方式之上的。中国农耕经济的既早熟而又不成熟，在湘西地区则表现得更为突出。一是农耕工具和耕作技术的原始粗放，种水稻是火耕水薅，种旱粮是刀耕火种。二是以农耕为主，辅以渔猎和采集。湘西土家族经济明显是一种半耕半牧经济，土家族至今仍喜欢"赶仗"打猎，亦是一例。土家族古代以渔猎为主，农耕为辅，直至宋元时期，渔猎生产仍是土家人生产的主要方式。

贫困的经济环境，对湘西文化的影响主要表现在以下两个方面。

其一，它生长或铸塑着湘西人雄强蛮悍的进取精神和以生存为第一要务的勤劳

石碾

务实的美德。由于土地贫瘠，物产不丰，致使几千年来湘西人民一直生活在贫困艰难之中，加之山川险阻，交通不便，其物质文明水平相当低下。然而如此险恶的生存环境及原始的生活水平，却生长或铸塑着湘西人雄强蛮悍的民族文化精神。同时也使他们更加深刻地体验到生存发展的艰辛，从而对其以生存为第一要务的务实精神的铸造发生着很大的影响。加之历史上长期形成的帮工互助式的生产方式和原始民主遗风，不断强化着民族内部的情感联系和群体利益至上的伦理道德意识，从而增强了民族的凝聚力，增强了本民族在险恶的自然环境和贫困的经济环境中的适应能力。这是对严峻的生存环境挑战的一种应战。

其二，它使湘西文化呈现出更为守成受动的特色，其突出表现就是巫风尤盛。湘西山区农耕经济是一种原始落后的自然经济，无疑使湘西文化呈现出更为守成、保守、受动的特色，往往需要外来文化的冲击，方能有大的历史进步。如历史上，楚文化对湘西土著文化、巴文化的冲击并入主湘西，成为湘西文化的主流。清改土归流，汉文化对湘西楚巫文化的冲击，最后融汇成一种新型的

湘西文化蕴含着原始性、神秘性和神圣性

湘西文化。这种保留着较多的渔猎、采集和半耕半牧成分的湘西山区农耕经济，在文化上的体现就是保留着较多的原始社会和上古社会的遗风，巫风盛行。从宗教角度而言，原始宗教、自然宗教色彩较重，伦理宗教相对较弱。从艺术而言，则保留了较多的原始艺术的特点，神话传说极为丰富，巫歌傩舞经久不衰。从文化哲学而言，则表明湘西文化保留着较多的神话阶段和宗教阶段的特点。这些都显示了湘西文化蕴含的原始性、神秘性和神圣性。

湘西文化

3.宽松的人文社会环境

湘西人文社会环境，一言以蔽之，就是宽松。一是政治环境的宽松；二是族群环境的宽松。

从湘西地区的历史沿革来看，在民国以前，特别是清代雍正"改土归流"以前，历代封建王朝对湘西主要实行"以夷治夷"的羁縻政策，如秦朝以"巴氏为蛮夷君长"的地方管理，又如唐宋的羁縻制，元明清（截止于清改土归流）的土司制。即使是清改土归流以后，流官以汉人、满人为主，也有一些湘西土家、苗人被委以官吏的。这种羁縻政策长达数千年，致使湘西地区长期处于大封锁下的内部较为自由的政治格局之中。尤其是在黔东南雷公山区和湘黔交界的腊尔山区，由于苗民的反抗，从明中叶到清初，苗民逐渐排除了土司和流官的势力，形成了两片自主自立的区域。这种政治局面，对于更多地保存湘西文化的古朴本色无疑是起了作用的。

在湘西，土家族大姓田、向、覃、彭、冉，苗族大姓吴、龙、廖、石、麻，其宗法统治体现了以血缘为纽带的，"家国同构"的社会政治结构特色，但宗法制度不如中

湘西苗寨一景

造型讲究的苗王府房檐

原汉族那么完备系统，原因是湘西社会政治结构比较松散，有较大的独立性，如中央朝廷对湘西边地长期实行的羁縻政策及数百年的"以夷治夷"的土司制度，致使湘西人更注重血缘温情而少等级森严。由于民族战争和民族隔离，致使苗族社会发展到明末清初时代，还处于"有族属无君长，有穷富无贵贱"的历史阶段，汉族的封建文化对苗族影响并不十分严重，在苗族内部还保留着浓烈的原始集体的民主平等制遗风。

由此可见，历史上由于封建统治者实行数千年的羁縻政策（至清改土归流止），湘西社会政治结构总体上比较松散。在大一统专制政治下内部有较大自由度的相对独立性，构成了一种较为宽松的社会政治环境。当然，这种社会政治的宽松是建立在民族不平等基础上的，不得已而为之的被动的宽松，是一种被迫的无奈的选择。例如，早在汉代，汉光武帝几次派兵溯沅水而上，对湘西进行大规模的征剿，都遭到湘西苗蛮的顽强抵抗而失败，历史上著名的"伏波将军"马援更是命丧湘西。又如溪州之战，后晋天福四年(939年)九月，楚王马希范出兵攻打溪州，当时溪州辖今永顺、古丈、龙山、保靖等县，

"伏波将军"马援像

苗族人盛装庆祝节日

是土家族聚居之地。溪州刺史彭士愁带领溪兵奋力抵抗，经过两个多月的激战，楚兵名胜实挫，只得停战，坐下来谈判。谈判后，将双方所拟条文，镌上铜柱，于天福五年(940年)十二月竖立在永顺、沅陵交界处。在中国历史上，为缓解民族冲突而铸造铜柱，这是绝无仅有的一例，其珍贵价值是不言而喻的。溪州铜柱实质上是国家与地方划界管理

祥和的民居生活

的标志，是封建王朝不得已实行宽松的羁
縻政策的又一产物。

人文社会环境的宽松，不仅表现在社
会政治环境的宽松，而且表现在族际环境
的宽松。在湘西，无论是土家族、苗族还
是侗族，各族人民长期大杂居小聚居，各
民族互相兼容、宽大为怀，大家和睦相处，
相安无事，民风淳朴，人性善良。即便是

湘西文化溯源

苗族节日盛会

清改土归流后，汉人大量涌入，各族人民还是互相兼容和睦相处。如土家族自称"毕兹卡"，意为"本地人"；称苗族人为"白卡"，意为"邻居的人"；称汉人为"帕卡"，意为"外来的人"即"客家人"，就是一例。

宽松的人文社会环境对湘西文化的影响是多方面的。一是它有利于保留湘西本土文化的民族特色；二是它促进了湘西多元文化的互动互渗。

其一，宽松的人文社会环境，有利于保留湘西本土文化的民族特色。在湘西，如果依民族来划分，湘西文化有土家族文化、苗族文化、侗族文化、汉族文化之别，各具民族特色，可谓百花齐放，争奇斗艳。如土家族文化可归结为巴楚文化，而苗族文化可归结为苗楚文化。湘西本土文化之所以民族特色浓郁，原因是多方面的，其中，比较宽松的人文社会环境无疑起着重要的作用。封建专制下的羁縻政策长达数千年之久，这种社会政治上的宽松，致使湘西地区长期处于大封锁下的内部较为自

美丽的苗族姑娘为远道而来的客人献酒

湘西文化溯源

土家族少女

由的政治格局之中。这种政治格局，客观上有利于保存湘西文化的附魅色彩浓重的古朴本色，保持各民族文化的民族特色。

其二，宽松的人文社会环境，促进了湘西多元文化的互动互渗。湘西文化是多元的。既有土家族文化，又有苗族文化，还有侗族文化和汉族文化等。在远古，既有土著原始文化，又有濮文化、巴文化、楚文化等。这些文化之所以能够互动互渗，出现多元文化一体化趋势，并最终形成巫风尤盛的湘西区域文化，应该说，宽松的人文社会环境为之提供了较为有利的外部条件。

二 湘西文化的特点

（一）巫风盛行

由于楚建国之时错过了周公的制礼作乐的文化革命，它将夏、商文化与南方土著文化融合成了一种亦夏亦夷、非夏非夷的文化，保留了较多的原始宗教与自然宗教的巫祭傩舞，构成了一种带有浓郁巫魅色彩的附魅文化。作为楚文化活化石的湘西文化，由于特殊的地理人文环境，保留了较多的原始宗教和自然宗教的文化遗留，巫风尤盛，是一种至今仍然处处感触到的巫文化。这不仅体现在大型的民族祭祀中(如土家族的"舍巴节"，苗族的"椎牛"与"还傩愿")，而且在民

湘西盛行傩文化

湘西文化

土家族的虎崇拜

间形成了更为神秘的巫风巫术，著名的辰州三绝（辰州符、赶尸和放蛊）便是代表。

（二）宗族意识强烈

中国社会，带着氏族的脐带跨入了文明的门槛，必然带有浓厚的祖先崇拜观念和以血缘心理为根基的宗法观念。湘西文化离不开这一文化大走向，但又有区域性和民族性特色，其宗族意识强烈表现在如下几个方面：一、图腾崇拜文化遗留较多，从出土文物考证中亦可证实这一点。除了大家熟知的苗瑶的盘瓠神话即犬崇拜和土家族的虎崇拜外，还有苗族的牛崇拜、鸟崇拜以及龙崇拜、凤崇拜等。二、祖先崇

湘西文化的特点

拜之风浓烈，如果说图腾崇拜是一种自然崇拜，那么祖先崇拜则是一种鬼魂崇拜。祖先崇拜的一个重要的产物，是关于英雄祖先的神话出现。湘西苗族祭祀先祖蚩尤、舜帝甚为热烈，而湘西土家族祭祀八部大王等亦为隆重。八部即八个部落，八部大王即八个部落的酋长。土家族祖先崇拜的发达，主要表现在祭祖活动的经常化、祭祖形式的多样化及祭祖意识的普遍化三方面。三、民族节日众多。节日是一种民俗事象，它起源于人们的生产和生活，是人类群体在社会生产生活中约定俗成的。湘西五溪边地，各民族节日不仅起源于岁时节气，而且起源于生产、祭祖、庆贺、纪念、社交等活动，包含着各自民族的伦理道德和价值观念及行为模式，具有鲜明的民族特色。土家族的节日主要有小年、大年、正月十五、二月二、清明、四月七、四月八、小端午、大端午、六月六、月半、中秋、重阳节及早斋节、族年、女儿节、打土地会等。如土家族"过赶年"、清明扫墓、六月六"晒龙袍"、七月十五过"月半"节、中秋节"开天门"等，都与祭祖有关。湘西苗族的节日集会主要有清明歌会、四月

土家族八部大王神祭祀仪式

湘西端午节赛龙舟

八、六月六、七月七、赶秋、看龙场、赶年场及樱桃会、跳香会、端午龙舟竞渡、上刀梯、跳马等盛大活动。从这些活动中，我们可以领略湘西苗族节日集会文化的特有风貌。其中，"四月八"是纪念自己的先祖、民族英雄亚努的。"六月六"是苗族的远古遗俗，传说是苗族人民纪念六个男女祖先繁衍后代的祭祖活动。端午赛龙舟不仅有吊唁屈原的意义，其实还有一种更原始的意义，即祭祖神，如麻阳县的苗族至今还把划龙舟的活动，作为隆重祭祀盘瓠的仪式来进行。

（三）歌舞文化丰富多彩

巫与舞不可分，中国文献记载的古巫的主要活动，是以舞降神，以救灾祛病。考古学资料和历史记载表明，在中国古代，不论南方或北方，巫师和祭师的活动往往与音乐舞蹈相连，而其中鼓又是最重要的通灵的法器。在湘西麻阳，就发现了远古濮人的铜鼓。古代的巫师，由于通灵的需要，必然是最早的乐师和舞人。正因为如此，《说文》才将"巫"释为"以舞降神者"，意即巫与舞是不可分的。在湘西，无论是苗族，还是土家族，抑或是侗族，都是能歌善舞的民族。楚俗好歌乐舞，在湘西源远流长。信鬼尚巫的文化传统，各种宗教祭祀活动，将巫歌傩舞的艺术感性形式，表演得有声有色。湘西人出口必歌，以歌

湘西傩舞

湘西文化的特点

对话，青年男女以歌为媒谈情说爱亦是常事。苗族人民能歌善舞，湘西苗族的清明歌会、赶秋和跳香，就很有民族特色。清明歌会，又称"赶清明"，一般在农历三月三举行，是湘西苗族的大型歌会。各地的清明歌会，都有传统的"清明场"。民国时期，古丈县曹家乡之管家坪即是，而今则以吉首市丹青寨的"清明场"最为有名。届时，无论阴雨晴明，各寨的苗族群众纷纷赶来参加，参加者成千上万，其活动有青年男女唱和歌曲，甚至有的悬牌唱歌，以决胜负。打猴鼓、吹唢呐，各显技能。苗乡之清明盛会，倘逢丰年，并演古戏傩戏以为娱乐，夕阳西下，众人始散，甚或白天唱了晚上又唱，一直通宵

苗族人能歌善舞

大山脚下的湘西子民

湘西文化的特点

侗族芦笙节

达旦。土家族也是个能歌善舞的民族。其歌有蒋草锣鼓歌、摆手歌、情歌、丧歌、哭嫁歌等；舞有摆手舞、梯玛神舞、梅山舞、跳马舞等。摆手舞舞姿矫健、粗犷大方、刚强武勇、形式简朴、不用道具，具有浓郁的民族风格。梯玛神舞则表现了十分突出的娱人娱神特征。侗族能歌善舞也不例外，其中芦笙舞就很有名气。

三 湘西文化的丰富内容

节日中的苗族人

（一）婚俗文化

苗族恋爱文化突出表现为恋爱歌会、"赶边边场"和"掷草标"等婚恋习俗。

恋爱歌会。苗族是一个历史悠久、崇尚自由、能歌善舞的民族。在婚恋习俗上，苗族的男女青年婚前都有一种以对歌为主要形式、以择偶为主要目的的自由社交活动，湘西苗族称之为"跳月"或"会姑娘"。据《荆南苗俗记》载：三月三"未婚者悉盛装往野外，环山踞坐，男女各成列，更番歌。截竹以筒，吹以和，音动山谷，迭相唱和，极往复循环之妙，大抵道异日彼此不相弃意也。"又据《中华风物志·湖南志》载："湘西苗族，每逢佳节良宵，有跳月之风，童男处女，纷至森林山巅，唱歌跳舞，此唱彼和，虽不相识，可相约订婚。"在湘西苗族地区，至今仍完整地保存着对歌寻求恋人的形式。如在湘西的花垣与黔东的松桃苗族自治县交界的虎渡口，每年的正月初一至十五，两省边境的苗族青年男女都自发地举行"玩年歌会"，用歌声倾诉爱慕之情，寻觅理想伴侣。流行于吉首丹青、泸溪一带的"清明歌会"也深受地方苗族青年男女的喜爱。

赶边边场。湘西苗族古有"跳月"之风，今有"赶边边场"之俗。在圩场或集会附近公开进行恋爱活动的形式，被称为"赶边边场"。湘西苗族一般每五天就赶一次圩场，如有矮寨场、河溪场、马颈坳场、社塘坡场、吉信场等等。赶场时，姑娘们梳妆打扮，特别讲究；男青年衣着整洁，格外精神。他们三个一群，五个一堆。选择圩场附近的山道田坎、路旁、石拱桥上、大树下等公共场地，先集体对歌，尔后可单独幽会。"赶边边场"成为湘西苗族青年男女喜结良缘的主要方式。

掷草标。湘西苗族青年男女谈恋爱，

"赶边边场"的姑娘都要梳妆打扮一番

湘西文化的丰富内容

苗家少女

有一种掷草标游戏。所谓"掷草标"，它是指苗族男女群体游玩择偶时，女方会用草枝扎成一束草标，对着她喜欢的对象抛掷，抛出的草标落在哪位小伙身上，那么这位小伙就得和抛掷草标的姑娘对歌，歌若对得好，那么双方则可以单独幽会谈爱。掷草标游戏场面生动，富有情趣，引人入胜。

湘西苗族婚礼隆重而热烈，讲究礼节，处处体现着湘西苗族婚俗所蕴涵的民族文化内涵。其礼节甚多，极具特色的主要有以下几种：

拦门对歌。男方新郎为了把女方新娘热热闹闹地接过家门，必须派出一支阵容强大的接亲队伍去女方家。当接亲队伍到女方家门前时，女方却摆桌挡住接亲队伍。表面看来是女方对客人怠慢，不礼貌，实则不然，而是要展开一场对歌大赛。接亲对歌人如果被女方用歌问住，答不上来，则会被罚喝一碗苗家米酒，不从就会被一群姑娘追逐围住，抓住你非喝不可。每次拦门酒总有一些歌者被弄得满头是汗，一身酒香，逗得一旁看热闹的人们捧腹大笑，欢乐无比。拦门对歌既增添了婚礼的喜庆气氛，又展示了苗族人民的歌艺才华，这种喜庆形式一直保留至今。

闹新房。"闹新房"是指新郎族中的青年兄弟们在婚礼的当天晚上到新房来闹洗脚水，跟新娘之间进行一场才智比赛。兄弟们相伴而来，高兴地涌进新房，开口便向新娘讨洗脚水，新娘则机灵反驳，男女双方你一句我一句，你来我往，直到一方无话可说，才定输赢。如果男方输，就应退出新房，让位给后来者继续闹新房；如果女方输了，调皮的新娘会故意将滚烫的热水端来叫赢者洗脚，弄得男方哭笑不得。而在旁边看热闹者就呐喊助兴，分享其中的快乐。

吃排家饭。所谓"吃排家饭"是指湘西

苗族甜酒

苗族民俗活动

苗族恋爱男女双方家里举行"过礼"仪式时，女方为表示对男方客人的尊重、友好及家族的团结、互助，第二、第三天酒饭由女方叔伯们担负，称吃"排家饭"。届时，仪式主持会集中亲戚的苗家长条凳和木四方桌，桌凳不够时则会拆下门板当饭桌，一字排开，整整齐齐。吃饭时，那香喷喷的苗家腊肉、酸鱼、红酸辣椒、野山葱，那醉人的糯米甜酒，让人垂涎欲滴，忍俊不止。主客双方频频举杯对饮，共同庆贺，偶尔有人把酒对歌，你问我答，热闹非凡。那动人的歌声、沁人的酒香、怡人的场景，无不让人心潮澎湃，村寨邻里及外乡的游

湘西文化的丰富内容

客倘若碰到这种场景，定会被苗家这种豪放、热烈、欢快的婚俗情绪所感染，不知不觉地坐上长条凳，挽起袖口，大块吃肉，大碗喝酒，尽情享受苗家婚礼带来的快乐。

土家族婚俗文化中最具特色的莫过于"哭嫁歌"。婚礼是人生的一件大事。出嫁，是女子最辉煌的时刻，居住在湘西的土家族女子，却是用哭声度过这一辉煌的时刻，人们称之为"哭嫁"。当地人认为女子出嫁"不哭不发，越哭越发""新人不哭，娘家无福"，这就是为何要哭的原因。土家人普遍认为，"哭嫁"是一种吉祥如意的象征，不哭不体面、不哭不热闹、不哭

土家族哭嫁场面

湘西文化的丰富内容

喜轿

命不好、不哭事业就不会兴旺发达。在长期的封建社会中，由于封建礼教对人的束缚，女子在家庭中地位低微，婚姻不能自主，于是在出嫁前便用土家语特有的低调谐声韵律与歌唱艺术相结合，控诉不合理的婚姻制度，表达追求自由婚姻的意愿。由于这些唱词凄婉、感情真挚、娓娓动人，广为流传，久而久之就形成了哭嫁歌文化，成为土家族婚俗中的一朵奇葩。

土家族的哭嫁歌最初是用土家语演唱的，传播途径主是要靠口耳相传。土家族哭嫁歌同汉族哭嫁歌在形式上有极大的不同，土家族哭嫁歌句式自由、长短不一、语言含蓄明快、民俗性很强。汉族哭嫁歌则句子工整、起承转合分明、文学性较浓。

土家族哭嫁歌都是由新娘、亲属和陪嫁女自愿、自发地进行，男性绝不介入，也无权干涉。土家族哭嫁歌种类一般有以下三种，一是由新娘主哭，接着亲人们顶腔接声劝哭。你一声，我一声，自然形成了一种多声部合唱。二是由人代哭，新娘陪哭。这种类型是因为新娘不会唱哭嫁歌，出嫁时请人代哭唱，新娘边掉泪边跟唱。三是女儿和娘对哭，出嫁时新娘和母亲又哭又唱，互相告别。哭嫁歌通常唱的是姑娘出嫁时与亲人、父母分离的悲伤之情，是土家族妇女生活感受的现实反映。就哭嫁歌本身而言，它既是一部土家风味浓厚的抒情长诗，也是土家族一部婚俗史，从中能了解到土家族婚俗嬗变、妇女心理、社会发展、土家族的语言、信仰、伦理道德、价值观等。哭嫁歌是千百年来土家族女性

土家族民居一景

湘西文化的丰富内容

集体智慧创作的结晶，是土家族文化中的奇葩。

（二）神秘的丧葬文化——悬棺

最早记载湘西悬棺葬的是唐朝张的《朝野佥载》："五溪蛮，父母死，于村外搁其尸，三年而葬，打鼓路歌，亲属宴饮舞戏。一月余日，尽产为棺，于临江高山半肋，凿龛以葬之。"如前所说，湘西地区的悬棺葬分布密集，在沅水流域及其支流酉水流域的各县都有分布，仅泸溪县就有楠木洞的沉香船、响水岩的海上琼楼、辛女岩对岸的仙人屋。

与其他地区的悬棺葬不同，湘西地区的悬棺葬起源较晚，起源于唐宋时期，元朝时随着仡佬人的或被征服，或被同化，悬棺葬逐渐消失。但悬棺葬的遗迹还历历在目，如今在沅陵北溶的沅水南岸，可看见距水面30米的悬崖上，有40多个人工开凿的洞穴，有的洞穴还可看到湘西先民留下的遗物。

悬棺葬是楚文化在湘西地区传播的结果，可以说楚国不仅为湘西地区带来《九歌》般神秘的巫风，还带来了奇特的葬俗悬棺葬。人们一谈到悬棺葬，只认为是东南沿海地区的产物，很少提及楚国。楚国不仅有悬棺葬，

湘西地区的悬棺葬

湘西文化

悬棺葬

而且最早的悬棺葬可追溯到楚人关于炎帝
神农的传说。在衡东、南岳一带流传着《狮
形岭求葬神农》的传说故事，在这个传说
中，迎葬炎帝神农的是距河面三丈多高的
石棺，它"峭崖临水"，正符合我们所说
的悬棺概念，是传说中最早的悬棺葬。当
然楚国有史料文物记载的悬棺葬应起源于
战国时期。楚国的悬棺葬不仅年代早，而

湘西文化的丰富内容

湘西地区悬棺分布密集

且分布密集，仅三峡沿岸就有许多处，那些被称为铁棺峡、棺木峡和"插灶"的都是悬棺葬。湘西与楚国先民所处的自然环境都是悬崖陡壁，依水而居。当然并非所有依水而居的民族都有悬棺葬习俗，自然条件并不是葬俗传播的决定因素，它还关系到文化意识的认可。湘西先民除了具备依水而居的自然条件外，在与楚文化的碰撞与整合中，他们的文化意识已逐渐发展到了认可悬棺葬的程度，这个文化意识便是在楚国万物有灵观念支配下的灵魂回归意识。他们认为日月星辰、山川草木都有灵性，都需要崇拜，万物之灵长的人类祖先更值得崇拜。在他们的想象中，人类祖先即使死了，灵魂并没有消失，生命也因此还在延续。死并不可怕，它仅仅是灵魂离开肉体回归到老祖宗的居住地，因此纪念死者最好的办法是送亡魂沿着水路回到老祖宗的诞生地，即楚国老祖宗的诞生地江汉川泽之中。与楚人一样，湘西先民并不是一开始就居住在现今的崇山峻岭中，正如史诗所唱"爹妈原来住东方，大地连水两茫茫，波光潋滟接蓝天，地方平坦如晒席"。湘西人的东方老家是"左洞庭，右彭蠡"之地，到了春秋战国时期因战争原因被迫由洞庭湖西迁，溯沅水而迁往五溪定居下来。他们谈及祖先来到这里时，总说是坐船而来的。因此，人死装殓时还在死者口中放点碎银，给死者渡河的船钱。在日常生活中，只要家中有个小病小灾，便有专门背旱龙船的人来收灾。有时请巫师禳灾还愿时，在法事终了前，总要"画"一碗水(在水碗上画符念咒)放在神坛上，据说这样整个村寨会化为汪洋大海，使妖魔鬼怪无法为害。即便是在禳灾驱鬼的傩堂戏中，"先锋""开山"诸神也来自沅水中游的桃源洞，一路乘船

神秘的悬棺葬

湘西文化的丰富内容

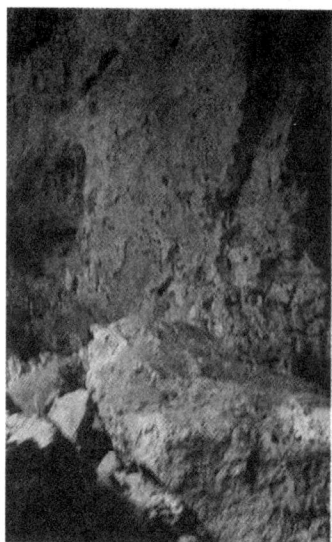
悬崖峭壁上的悬棺葬

涉水而来，甚至生孩子也不说妈妈所生，而说发大水从河里捞来的。湘西人认为既然老祖宗的诞生地在东方的水域，那么人死后回到东方的水边才是最好的归宿。

在湘西人的心目中，老人死了，首先要把他的魂招回来，再送到老祖宗居住的地方去，这样才算安葬了老人，尽到了孝心。与楚人不同的是，他们以放河灯、烧纸船的方式为亡灵招魂，使灵魂回归故里。烧纸船是在扎的纸船中放入金银纸锭，然后放河边焚化，意思是让死者亡灵乘船沿着水路漂回故里。湘西人是曾经几度迁徙才定居到现在的地方，他们认为死者的灵魂需要在巫师的"指路""引渡下"，经历迁徙诸地，最后到达本民族的发祥地，同老祖宗安乐地住在一起。有时人死后还请巫师招魂，安灵祭享后，巫师念诵《指路经》赞扬死者功德，驱邪逐魔，开丧指路，让亡灵历经艰辛，涉江过河，最终沿着民族迁徙路线回到祖宗居住地"东方老家"。正因为是回归，与老祖宗团聚，在送亡灵的过程中就不像中原葬俗那样"泣之以血"，而是哀乐与共。他们行悬棺葬时"打鼓路歌，亲属宴饮舞戏"，载歌载舞地把死者放在船形棺木里送上悬崖峭壁中，让亡灵以船为载体回到老祖宗住的极乐世界。

　　湘西人为何要把船形棺木悬于"临江高山半肋"中？因为在他们的原始思维里，人的生命不仅仅是以肉体的形式存在，而是一种肉体与灵魂相结合的二元存在。肉体形式是易朽的、可消失的，而灵魂形式则是不死的、永恒的。人之死亡，并不是生命的真正绝灭，而只是肉体形式的腐朽，但其灵魂仍在。因此，他们没有像依水而居的其他民族一样，以船棺的方式直接把亡人随船葬入土中或随船漂入水中，而是采取把亡人放置船形棺木后送到绝壁上让尸骨风干的悬棺葬。他们认为"灵魂虽可

湘西悬棺葬

湘西文化的丰富内容

湘西悬棺葬源于楚人的灵魂回归信仰

以自由离开人的身体，但必依附于某物之上。当皮肉糜烂和消解时，它就进入了骨头里"。人的灵魂只有附在无血肉腥味的骨头上才有资格进入圣地，坚硬的骨头才是灵魂长远的寓居之地。所以湘西人不得不耗费巨大的人力物力，将装有死者尸骨的船形棺木置于临江的悬崖绝壁中，让骨头在干燥通风的环境中坚硬不腐。这样使灵魂长久地附在骨头上，随之自然掉入水中，最终回到祖宗的诞生地，并且"以先坠者为吉"。因为尸骨跌得越快，亡灵回归得越快。

湘西悬棺葬源于楚人的灵魂回归信仰。楚人认为，人死了要回到老祖宗的诞生地，

湘西悬棺葬

所以采用悬棺葬的形式，以船为载体，把尸骨悬在临水的峭壁间，让亡灵随尸骨坠落到水中后沿祖先迁徙地回到故里。在楚人的心目中，灵魂回归故里，不仅要有船为载体，而且要有向导，因此"不仅桥或船可把灵魂送往新居，动物（特别是鸟）也可以召唤来保卫死者进入他们的国土"。这作为向导把亡灵沿着水路送回故里的鸟便是楚人认为至真至美的凤。在所有的鸟中，楚人尤尊凤，因为其祖先祝融是鸟中之王凤的化身。

湘西文化在与楚文化激烈的冲击和碰撞中必然会产生相互接触、相互影响。在他们的心目中，先人的亡灵回归故里也要以船为载体，在凤鸟的引导下，沿着沅江洞庭湖，回到东方的水域。为什么要以凤鸟为向导？要了解湘西人这一葬俗文化，有必要对他们生活中的凤鸟崇拜这一文化象征进行探讨。湘西人崇凤心理的最初表现形式是对神鸟的崇拜，他们的传统文化傩文化祭祀的就是神鸟。据傩文化专家解释，"傩"的繁体字便是由人旁加"堇"（音符）加"隹"（雀）三部分组成。傩文化供奉的是叫傩公傩娘的神像，他们便是头戴凤冠的神灵。当地人还有敬雷公的习俗，平常做什么事甚至掉一粒饭都会当心雷公惩罚，在他们心目中，令人

湘西凤凰古镇

敬畏的雷公便是鸟形人身的形象。这种对神鸟的崇拜以后便发展为纯粹的凤崇拜。可以说在湘西人的日常生活中，凤这种神鸟作为一个根本的不可替代的象征物是无处不在的。在妇女们刺绣的围裙、背兜、帐檐以及庙堂或家具的雕花板上都有凤的形象。凤崇拜还表现在当地的民居中。楚人的许多民宅，山墙两侧和瓦脊两端都以龙头鱼尾的形象使之挺拔、拉高，称为"扳鳌头"。湘西人的民居中，山墙瓦脊翘起的都是灵动向上昂起的凤头。它雄健挺拔，是瑰丽神奇的象征。当然湘西人对凤的崇拜最充分最完满最淋漓尽致的表达方式便是将自己的一个县呼之为凤凰了。所有这些对凤的崇拜都体现在凤的象征意义中，凤至真至美、吉祥神奇，它作为一种独特的文化风格，已成为湘西人的一个"集体表象"，在日常生活中被反复地象征表达出来。与楚人一样，湘西人生前把凤这种神鸟当做吉祥、神奇的象征，死后自然要与神鸟亲近，祈求神鸟保佑他及后代吉祥如意。神鸟巢居与繁衍的地方便是人迹罕至的悬崖峭壁，所以湘西人尽管都认为悬棺葬不是本民族的葬俗，但还是称其为"石

悬棺

湘西文化的丰富内容

壁仙舟"。他们认为凤这种神鸟，本身就象征了吉祥、神奇，是人们崇拜的对象。把先人葬入"临江高山半肋"处的悬棺，使之与所崇拜的神鸟共处，自然会带来福气。而且还可在神鸟的引导下回归故里，沾上神性而仙化。为了吸引鸟的到来，让亡灵与神鸟更亲近，他们还在悬棺旁"或悬羽箭"，并不顾被人兽侵扰的危险"不施遮盖"。这样从意识到行动完成了对这一外来葬俗的认同。尽管元代以后，由于统治者干涉，悬棺葬在湘西地区逐渐消失，但葬俗中的凤崇拜还在延续。至今湘西人还时兴做棺椁，即在棺木外套船形的纸棺椁上面立一只展翅飞翔的白鹤，并写"乘鹤西去"等吉语，象征亡灵乘坐神鸟飞到祖先的发源地。

湘西人还认为"悬高"与传统文化的"孝道"有关，"弥高者以为至孝"。他们不惜耗费人力财力把先人送到"临江高山半肋"的悬崖洞穴中，没洞穴也要在陡峭的岩壁上用人力"凿龛以葬之"。因为悬崖中的洞穴是神鸟的居住地，让先人的灵魂与神鸟共处于"安乐"之地，在神鸟"引渡"中回到老祖宗的发源地，这才是最大的孝。所以他们把祖先送至临江高山的悬崖洞穴后，任其"风

湘西悬棺葬

傍水而居的湘西
村寨

霜剥落，皆置不问"。并且"三年不祭"或"终身不复祀祭"。只有从凤崇拜的角度，我们才能理解湘西人在悬棺葬中把先人"悬高"后"终身不复祀祭"与"孝道"这种貌似矛盾的心理。在我国依水而居的民族很多，不只是湘西人，而湘西人不仅具备依水而居的自然条件，还具备了从主观上认可悬棺葬的历史文化因素，这就是楚文化中的灵魂回归意识与凤崇拜。文化传播的"决定因素不在于地理条件，而重要的在于文化和历史条件发挥的作用"。因此楚文化与湘西文化的交融与会通是湘西悬棺葬在湖南最为密集的主要因素，湘西悬棺葬是楚文化在湘西地区传播的结

果，其中蕴含了深厚的文化意蕴。

（三）湘西歌舞文化

在 2008 年 8 月 8 日北京奥运会开幕式前的文艺表演上，有一个节目吸引了全世界人民的目光：一群从远古走来的"毛古斯"，他们身披草衣，头戴草帽，赤着双脚，或碎步进退、曲膝抖身，或左跳右摆、浑身颤动，或摇头耸肩，全身茅草刷刷作响……这是由湖南湘西永顺县选送的土家"毛古斯"——欢庆舞蹈。此次"毛古斯"节目表演阵容强大，共有110人参加。这也是湘西人民第一次在世界性的大舞台上，展示湘西土家族独特的风采。

"毛古斯"是湘西当地土家语，意为浑身长毛的打猎人。毛古斯舞是以土家族的历史、渔猎、婚姻等为内容，融歌剧、舞剧、话剧于一体，表演形式极其古老的一种原始祭神戏剧舞蹈。主要流传在湘、鄂、渝、黔四省市边区的土家族聚集地，重点分布在湘西酉水流域的永顺和龙山等县。它的表演原汁原味、古色古香，足以把人带入那鸿蒙初开的远古时代。

关于"毛古斯"的起源，有一个古老

湘西土家族毛古斯舞

湘西文化的丰富内容

的传说，远古时的湘西森林莽莽，荆棘遍野，人烟稀少。土家先民为了觅食糊口，或上山打猎，或下河捕鱼。后来学会了耕作，才从渔猎生活步入农耕时代。最先有一位土家青年独自下山去学习农耕技能，学成之后急于赶回山寨传授。一路上风餐露宿，全身衣服被山林中的荆棘撕扯成碎片。等他回到山寨时已是夜晚，正逢土家"调年"（过年），举行摆手舞等活动。他一看自己衣不遮体，不好露面，便躲在稻草丛中观看"调年"活动。不料几个小伙子在稻草丛里发现了他。他只好走出来，急中生智，扯了一蓬干稻草披在身上，参加到"调年"活动的人群中去。在"调

湘西土家族毛古斯舞

湘西文化

湘西土家族毛古斯舞

年"会上，他手舞足蹈，用舞蹈的形式向乡亲们传授所学到的农耕技能。后来，土家人为了纪念这位传授农耕技能的先祖，每逢还愿或祭祖等活动时，都要表演"毛古斯"。

"毛古斯"仪式，因其表演者所处的地域和表演时间的长短差异而呈现出诸多繁简差异，但总体来说，各地都比较注重"狩猎""捕鱼""农事""抢亲""祭祀"等场景的表演，这些场景基本上构成"毛古斯"仪式过程中的核心内容。就"毛古斯"仪式的整个过程而言，其内容完全可以视为土家族先民的历史缩影，也完全可以视为一部土家族戏剧化的民族史诗。其所涵

湘西文化的丰富内容

"毛古斯"是土家族祭祀的重要组成部分

盖的历史过程十分漫长，从原始的采集经济时代一直到现代文明时期的土家族人民的生活，无不在这部戏剧化的史诗中得到了很好的表现。尽管其中一些内容显得比较庞杂，有些游离于"主题"之外，但作为土家族民间未经任何修饰的原生态文化而言，其所承载的远古的原始信息，流溢出的原始文化的韵味，的确是值得人们加倍珍惜和认真研究、读解的。

"毛古斯"与土家族先祖祭祀的重要组成部分，与先祖祭祀联系更加紧密的则是土家族的另一艺术珠宝，它就是与"哭嫁歌""西兰卡普"一起，被称作土家艺术活化石的"摆

"毛古斯"石刻

"毛古斯"是土家族
文化的艺术瑰宝

湘西文化的丰富内容

手舞"。摆手舞土家语叫"舍巴""舍巴格痴"，其意为"敬神跳"，汉语叫跳摆手。

土家族没有宗教但有宗教观念，崇拜祖先、敬祭土王、敬奉"白虎"、相信"梯玛"等信仰构成土家族的信仰文化。《蛮书校注》卷十载，"巴氏祭祖，击鼓而祭"。可见，摆手舞是土家族祭祀祖先的一种舞蹈。

土家族的祖先原来居住在中原地带，曾有过武功显赫的光荣历史。但在商王朝时，受到其他部落的排挤及武丁的讨伐，不得已率领族人离开中原，艰难地向西迁徙。历经千辛万苦后，最后流落到湘鄂川黔边境。祖

土家族少年

先在此开发土地，修筑房屋，重新建立起生活的希望和欢乐。土家族有语言，但是无文字，祖先遥远的历史都记载在世代相传的传统民歌之中，其中最为典型的便是"摆手歌"和"梯玛神歌"。土家族将先祖的这段悲怆历史用神话的语言形式记载下来，口头世代传颂。

八部大神被土家族视为民族共同的远古先祖。土家族人民认为八部大神在本民族的历史上起过重大作用，有过赫赫功绩，因此把八部大神当做族神顶礼膜拜，千秋祭祀。每年正月初九至十一日，在八部庙前，都要举行摆手歌舞活动，隆重祭祀八部大神。

土家族糯米竹筒酒

除了八部大神以外，土王也是土家族敬奉的对象。土王是土家族的历代首领，也被视为全民族的祖先。摆手舞的队伍表演要先绕土王祠一周，举行祭祀仪式，然后，再到摆手堂中，按摆手内容依次进行，故有"相约新年同摆手，春风先到土王祠"的诗句。祭祀祖先，成为土家族的一种精神依附、宗教意识和血缘亲情观念，淳朴的土家人民相信，祖先的魂灵会继续保佑他们的子孙后代。

土家族摆手舞

摆手舞的阵容、规模都很宏大，多则数村寨上万人，少则一村一寨数百人，男女老少都可以参加，因此舞蹈形式并不复杂，动作简单而古朴。常由一人在"调年坪"或"摆手堂"中央击响锣鼓，其余人则围绕在锣鼓周围，随着锣鼓节奏转大圈摆手，也可以将锣鼓放在一旁伴奏，排成两排相对而跳和变换队形，摆出各式图案摆手。

土家族摆手舞与其他舞蹈不同，它最突出的特点是"摆同边手"，即摆同边手出同边脚，以手的摆动为主，脚步随着手的摆动而踏着节拍进行，动作稳重粗犷，健美有力。摆手舞中手的摆动一般不超过肩（也有超过肩的动作，如"梳头""打浪子""上摆"），动作线条流畅大方。基本动作有单摆、双摆、回旋摆三种。

摆手队伍进入神堂后，鼓手通常要敲击锣鼓，鼓声由慢到快、由轻到重，用声响渲染出湍急的水流声、猛兽的吼叫声、飞禽的呼啸声、众人渡、可上滩声等各种声音，以此象征着土家族人民在人生之路上辛勤创业的艰难历程。

跳摆手舞时，屈膝的特点很显著。特别是在每个动作的最后一拍膝会屈得更深些，有的动作在起步时稍向下闪动一下，更使整个动作显得生动而抒情。摆手舞据其内容，可分为五类：第一类是装饰性连接动作，"单摆""双摆""回旋摆"，用于开头或结束。第二类是反映劳动的动作，如"照太阳""砍火畲""撒小米""挽麻团"等。第三类是反映生活的动作，如"打蚊子""水牛打架""抖狗蚤"等。第四类是反映军事的动作，如"列队""披甲""登长竿""涉水""过沟"等。第五类是反映狩猎的动作，如"跳蛤蟆""拖野鸡尾巴""鲤鱼标滩""岩鹰闪翅"等对动物姿态的模仿。

每当进行摆手活动时，首先唱的便是《呅喝号子》。《呅喝号子》所有歌词全是衬词，没有正歌词，反复进行演唱。摆

土家族摆手舞形式
活泼、内容丰富

湘西文化的丰富内容

手队伍有梯玛队（梯玛即土家族巫师）、旗队、摆手队、乐队、披甲队、炮仗队等。祭祀时，由梯玛带领各摆手队敬八部大王并高唱敬拜"八部大王"的祭词，对神像行跪拜礼，唱"摆手歌"和"梯玛神歌"，再点燃篝火、炮仗，由梯玛率领跳"大摆手"。"摆手歌"和"梯玛神歌"都与宗教仪式挂钩，并以歌曲配合仪式的进行，加强了仪式的气氛和主题以及参与者的集体意识。歌唱间隙里也可穿插演唱山歌调，一般都是些反映男女之情的，如"月到十五正团圆，甘草蜜糖一样甜，称心兄妹同枕睡，恩爱夫妻到百年"。也有反映过去生活的，如"过去土家苦难多，挑肩磨脚爬山坡，肩膀磨成猴屁股，背杆擦成乌龟壳，交通不便莫奈何"。演唱时声音高亢嘹亮、语言纯朴，歌舞互相烘托，情绪更为热烈。摆手锣鼓不同曲牌引示出的摆手动作中"顺拐、颤动、屈膝、下沉"的共同特点，体现出了土家族人民在崎岖山路上行走的形象，反映出土家族人在崇山峻岭的自然环境中的生活方式和劳动规律。

在苗族文化中，也有与"毛古斯"和

湘西苗寨篝火舞

刺绣龙图案门帘

贵州凯里南花苗寨民俗活动

湘西文化

摆手舞功能类似的舞蹈——接龙舞。

苗族接龙帽

  中国文化中，龙的足迹无所不在。而在推崇龙文化方面要数湘西苗族为甚。传说苗祖仰阿沙是从螃蟹挖的水井里走出来的龙女；另一苗祖盘瓠则是天上的龙犬下凡，而由他们繁衍的苗家自然是龙的后裔。所以他们祭龙、招龙、接龙、看风水、相龙脉等等非常盛行。在湘西苗族的"接龙""椎牛""跳香会"等很多独特祭祀活动中，以接龙舞最为盛大、庄严，且受到广大苗族人民的欢迎。

  每逢吉日良辰或重大节日，苗族人民往往会举行盛大的接龙活动，为时一天。接龙一般分接村龙和接户龙两种表演方式，二者的内容和形式基本一样，只有少许差异：一为接村龙规模较大，参与人数

接龙舞

多，耗费巨大；二为接村龙时村中各户的主妇需按辈分大小依次前往，而接户龙只需主妇一人便可；三为接村龙用白水牯牛做祭，而接户龙一般用猪做祭。

在接龙舞的表演过程中，龙司（苗族人举行接龙祭祀时的主祭人）首先会举行祭祀仪式，祭雷神、敬祖先，在龙司主持下，鼓乐齐鸣，龙司边摇铜铃边唱巫词，吟唱的内容意思大多是对祖先的怀念和对雷神的祈求，龙司祈求雷神不要同龙作对，让龙能大显神威。之后，龙司开始祭龙神，决心把龙请到苗山来，龙司作法，请龙下凡。其后，在龙司的带领下，人们穿着节日盛装，组成了接龙的队伍。开始接龙，龙司领头在吹打乐队的伴奏下踏着节奏，跳起欢快的接龙舞，湘西苗族人的接龙舞就这样流传至今。

接龙舞，是一种单纯的祭祀性舞蹈，一般表演者由 8 到 20 人组成，舞者多为同族同宗中漂亮英俊的青年男女（以女性为主），舞蹈动作简洁、朴素。他们把伞与伞相接起来，形成龙形，时而上下起伏、左右摆动；时而跑跳前进。人动伞动，恰似游龙腾云驾雾，场面十分壮观。伴奏音乐也是接龙舞的音韵特色。接龙舞主要是靠唢呐和锣鼓伴奏，这也是接龙舞保留原始祭祀遗风的主要手段。现代用于舞台表演的接龙舞则是由文艺工作者以原生态接龙舞为基础，进行艺术化的提炼、加工而成。舞蹈动作不仅保留了传统的龙穿花、龙起伏等精华部分，还大胆地吸收了苗鼓舞、芦笙舞、跳香舞、绺巾舞等苗族舞蹈和傩舞、花灯舞等地方性舞蹈的特性动作和基本舞步，表演手法趋于多样化，动作更具艺术性和观赏性，具有鲜明的地方特色和浓郁的民族风格，有很强的艺术感染力。

接龙舞作为典型的图腾崇拜性舞蹈，源于人们对神灵的崇拜和祖先信仰的需

接龙舞

湘西文化的丰富内容

要，反映了苗族人民对生命的追求和对生活的向往，寄托着人们对美好未来的憧憬。

（四）民族服饰文化

土家织锦，土家人称"西兰卡普"，汉语叫"土花布"或"打花铺盖"。土家织锦是湘西土家族地区的民间工艺之一，其工艺精湛、造型生动，色彩浓烈鲜艳，纹样粗犷朴实，风格绚丽而敦厚，富有乡土气息，是众多的民间美术奇葩中的一颗璀璨的明珠。土家织锦除了具有实用价值和审美欣赏价值之外，同时还有着丰富的文化价值，它以自身独特的方式蕴涵着土家族文化心理，显露着不同时代的文化积淀，是土家族原生态的文化植被，也是土家族历史文化最形象的"活化石"。

关于"西兰卡普"的来历，在湘、鄂、渝、黔边区的土家族聚集地，流传着一个人尽皆知的美丽传说：很久以前，有一个叫西兰的土家姑娘，心灵手巧、飞针走线，能把天上的云霞、地上的鸟兽都织进她的锦里去。为了在出嫁前给自己织一床特别好看的打花铺盖，西兰先后绣了九十九种花色，唯有白果花未能绣上。而要看到这种花却非常不容易，

土家织锦被土家人称为"西兰卡普"

它只在半夜里开花，白天就凋谢了，而且
每年只有几个夜晚开花。为了绣出白果花，
西兰每晚悄悄守在白果树下。在春天的一
个晚上，终于等到了白果花开的时刻，西
兰高兴极了，采摘了几朵，拿回家想照着
花的样子织在锦上。但是嫂嫂嫉妒西兰的
美丽和聪明，在爹爹面前搬弄是非，谗言
西兰半夜出门，败坏了门风，西兰由此被
爹爹打死了。土家姑娘为了纪念她，将她
绣织的铺盖取名为"西兰卡普"，"卡普"
即花布的意思，因为故事起于白果花，故
人们又将其称为"白果花织锦"。直到现在，
"西兰卡普"在湘、鄂、渝、黔边区的土

精美的土家织锦

家族聚集地仍然十分流行。土家姑娘甚至用"西兰卡普"的色调对服装进行修饰，在衣领、胸襟、袖口、裤脚等处镶上鲜艳的花边，形成了别具特色的土家族服装。而"西兰卡普"则成为闻名遐迩的土家织锦，并以其独特的工艺和巧妙的构图，被列为中国少数民族四大织锦之一。

土家姑娘出嫁时，娘家除了打制家具做嫁妆外，还要陪上几套铺盖。这些铺盖中，就有姑娘自己亲手织的"西兰卡普"，土家姑娘会不会织西兰卡普，织得好不好，是判断一个姑娘是否能干的标准。因此，土家姑娘从十一二岁就开始练习用牛骨针织出各种花样，图案由简到繁，为编织"西兰卡普"做准备。到了出嫁前的一两年，一般就不参加田间劳动，专心致志地在家里织锦。土家用来织锦的机器十分简陋，几乎完全是由人工在经纬线上用牛骨针挑织而成。一针一线地来回穿梭，土家姑娘将对未来的幸福生活的憧憬也织进了"西兰卡普"中。

"西兰卡普"的纹样之多，在全国少数民族装饰图案中是罕见的，在纹饰结构上各有千秋、互不雷同，名称恰如其分，与内容有着紧密的配合。它将几种基本图案纹样如单独纹样、二方连续、角隅纹样分分合合，安排妥帖，不拘一格。图案纹样中，有用家具作形状图案的，如椅子花、桌子花等；有用花作图案的，如大白梅、藤藤花、韭菜花、大莲蓬、荷叶花、牡丹花、梨子花等；有用禽兽作图案的，如狗脚迹、牛脚迹、猴子花、燕子花、鱼尾花、蛇皮花、狮子花、虎皮花、马儿花、阳雀花等，其他还有单八钩、双八钩、十二钩、太阳花、满天星等。随着时间的推移和时代的变化，图案纹样后来受到汉族刺绣和川东"蓝印花布"的影响，由有规则不断性图

土家织锦图案丰富

湘西文化的丰富内容

097

案逐步变化成为不规则的图案，如"凤穿牡丹""鸳鸯采莲"。由简到繁，由写实向抽象的纹样演变，每种纹样都记载着各个历史时期的轨迹。当然，其主要的图案纹样绝大多数至今仍保留了远古时代的美术样式和自古以来相传不绝的东西，某些图案的母题，仍能使我们窥见在以渔猎和简单农耕为主要生产活动内容的时代人们最感兴趣的事物。有些图案较强烈地反映着土家族人民生活的深溪绝谷、崇山峻岭和草木畅茂、禽兽繁殖的自然条件以及反映他们对于这些与他们生活密切相关的事物所产生的深厚感情。其中有土家族劳动人民最喜采用的吉利、喜庆的

土家族民居内的纺织机

湘西文化

土家织锦造型生动、
风格绚丽

寓意和社会权力及图腾崇拜的题材，也有以山区花草鸟兽为蓝本的母题。如反映吉利、喜庆题材的有"凤踩牡丹"，象征着荣华富贵；"老鼠嫁女"（迎亲图），象征着喜庆婚嫁；"野鹿衔花"，象征寿高千年；"鸳鸯采莲"，象征爱情永合等等。还有反映当时社会生活的"四凤抬印""玉章盖"等图案，都用来象征土司王权。通过创造和吸收，土家族人民把自己浓烈的思想感情汇入艺术的宝库中。从这些图案和命意中可以看到，勤劳勇敢的土家族人民对生活的热爱，对自己居住的自然环境的深厚感情和他们对未来美好生活的憧憬、追求。

湘西文化的丰富内容

湘西苗族刺绣

他们把这一切都交织在那些绚烂夺目的图案纹样的每一个细节、每一方块和每一根彩线所织的纹理之中。

与"西兰卡普"一样，苗族的民族服装也是中华民间艺术宝库中具有吸引力和民族特色的一朵奇葩。

有人认为苗族的服饰是"穿在身上的书"。传说：蚩尤和黄帝一起到尤梭那里学习文字，黄帝由于开小差，未能学好文字，在回家的路上，黄帝想这样回去，对不起乡亲。就设法抢劫文字，蚩尤于是把部分文字吃了，余下的带回家藏在草席下面。一天，蚩尤准备向苗民们传授文字，发现部分文字被老鼠咬了去做窝，蚩尤看着残缺不全的文字，只好让妻子将其绣在衣服上，代代相传。至今仍有人能读懂一二。由此看来，苗族的刺绣图案与苗文的失传有着一定的联系，因此，苗族的服饰图案可以看成是研究苗族历史文化的活化石。

湘西苗族刺绣是以丝、棉、毛或色布等在各种衣料、布料上用针缝钉构成纹饰的方法，在人们采集的服饰中，几乎所有服饰都有刺绣工艺。苗族女子非常擅长刺绣，图案大致是龙、凤、蝶、鸟、花、草、虫、鱼。

苗族是一个讲究生态平衡的民族，他们生活在山坡、水边，亲近自然，与花鸟为伴。在他们的绣品上，有着浓厚的乡土气息。苗族早期是母系氏族，因此他们凤的图案往往多于龙的图案。如果凤和龙的图案放在一起的时候，有时是凤在上龙在下，这一点和其他民族是不同的。

苗族的刺绣技法丰富多样，不同地域的苗族刺绣有不同的技法。不同的技法形成不

苗族的刺绣技法丰富多样

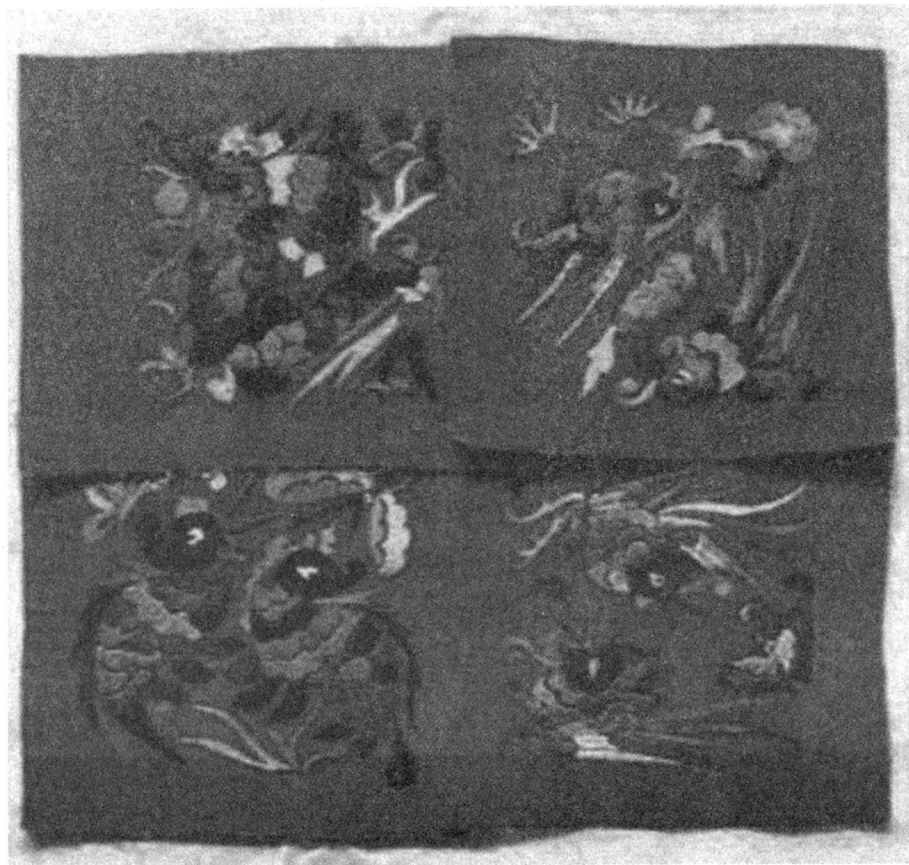

湘西文化

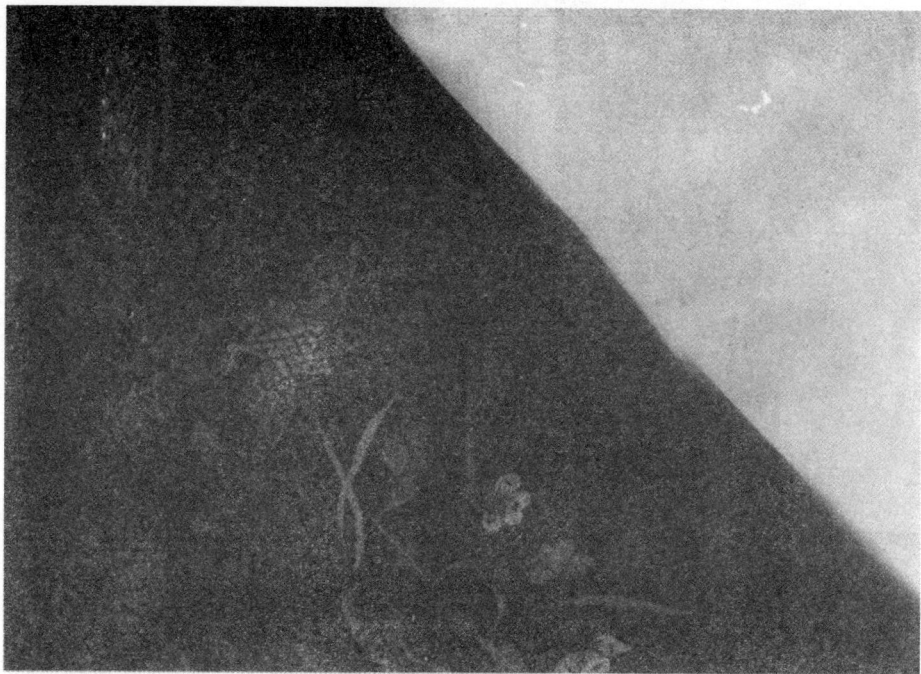

同的纹饰风格。纵观湘西苗族的刺绣技法，大致有平绣、挑花、堆绣、贴布、锁绣、破线绣、钉线绣七种。绉绣、散绣、堆绣是苗服中特色绣法，绉绣上衣花纹呈浮雕，装饰效果奇特大方。用这三种绣饰方法制作的上衣均为"盛装花衣"，盛装花衣必须钉上许多银饰，因此人们又把钉满银饰的花衣叫"银衣"。其前襟、后背、衣袖是四方形、方形、半团形的银片、银泡和银铃等，这种绣饰精美的银衣是我国民族服饰中最为精美的。湘西苗族妇女喜用折枝花图案，形象逼真，绣花多用在衣服的

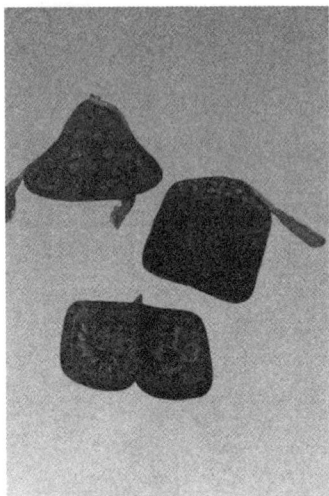

苗族手工荷包

襟三沿、袖口、裤脚、围裙以及背裙，帐檐，其绣品平滑光亮、色彩和谐、技艺精巧、独具一格，与苏绣、湘绣一样驰名中外，是我国的著名地方绣之一。

苗族服饰中，除了刺绣，头饰和佩带的银饰也别具特色。

苗族头帕有丝帕、青帕、白帕、花帕等，绚丽多彩。花帕还有家织花条帕、家织印染白花帕等等，各尽其美，为苗族人民所喜爱。苗族的头帕长的达三丈六尺，短的也有一丈二尺。包头帕是苗族人民的传统，男孩长到十二三岁时，必须掌握包头帕的技术。平时是自己学着包，向长辈们学习，也可以互相学习。不管包哪种头式，在技法上都各有各的章法。要求构思精巧、脉络清晰、折叠有致，平正不偏不倚，戴着雅致的头帕去赶场、走亲和参加歌舞会，显得格外俊俏和精神，有的还把自己的头帕作为礼物赠送给情人，以表心意。

银饰是苗族女子最喜爱佩戴的服装饰品，湘西苗家姑娘个个生得眉清目秀，再饰以盛装，更加娇艳妩媚。盛装打扮的凤凰苗族女子，头戴青帕银凤冠，苏山耳环吊两边，颈围银项圈，肩披银披肩，身穿满襟绣花滚

造型各异的苗
族银饰品

边的服装，显得分外端庄美丽。银饰由苗
族银匠精心设计、手工制成，非常精美。
并且种类繁多，各具特色。在他们眼里，
银饰不仅是可以辟邪的神物，并且是表达
幸福和财富的象征。苗家少女喜爱全身上
下配戴银饰，她们胸前大都佩有硕大的银
锁。银锁是苗族姑娘的主要饰物，制作十
分精美。银匠在银锁上制出龙、双狮、兰、
蝴蝶、绣球、花草等浮雕图案，有的银锁
下面垂有银链、银饰和银铃等。银锁又有
"长命锁"等名称，有祈求平安吉祥之意，
苗族姑娘直到出嫁时方可取下。而男子也
有带银项圈的习俗，胸前佩银链或银牌，
苗族男子佩戴三根银锁表示未婚，他们常

湘西文化的丰富内容

吊脚楼是湘西的
典型建筑

年腰系花带、荷色等饰物，并且腰刀不离身。

（五）湘西建筑艺术

　　吊脚楼是一种典型的栏杆式建筑。建于斜度较大的山坡上，建造时，顺坡面开挖成两级台阶式屋基，上层立较矮的柱子，下层立较高的柱子。这样的房子建成后，就可使前半间的楼板与后半间的地面呈同一水平，

湘西文化

而自上而下直接立在下层屋基处的柱子，则构成托举支撑前半间房屋的吊脚楼，"吊脚楼"因此而得名。湘西的自然条件是"天无三日晴，地无三里平"，正是由于特定的山地地形和潮湿的气候，形成了吊脚楼这种特殊的建筑形式。吊脚楼主要分布在土家族和苗族的聚居地，又称"吊楼子"，为山野式"楼阳台"，单檐悬挑，屋面反翘，

地形与气候是吊脚楼形成的主要原因

湘西文化的丰富内容

107

湘西吊脚楼群

有与正屋成一字形的, 也有成90度直角形的。吊脚楼外设走廊, 二面称"转角楼", 三面称"走马楼"。民间吊脚楼上多为闺房、卧室或织锦、打花之处, 底层为谷仓、柴房。也有底层下临溪流的, 泉水叮咚, 别有情趣, 如吉首峒河街、凤凰沱江沿岸、王村古镇、茶洞边城及龙山洗车河等。山寨吊脚楼掩映在绿树翠竹中, 富有大自然风光美。

在湘西地区的建筑中, 门的处理有很多形式。堂屋大门是最讲究装饰的, 六扇大门上半部皆精雕细刻, 花格与图案要体现吉祥如意。可以说龙凤图案是土家族最具代表的

吊脚楼上层多为卧室，底层多为谷仓

形象符号，始终保持质朴、明朗简练、生动的风格，有强烈的生活气息。在吊脚楼中，常见的门主要是框档门与格扇门。框档门的构造是以木料做框镶钉木板。木板可以等宽，也可以宽窄不一。框档门总体比较轻巧，外表大都有简洁的菱形或方形雕饰，显得美观大方，但因镶钉的木板较薄，其坚固性不高，一般用在大户人家的内部厅室和普通吊脚楼的大门，门扇或单或双视具体情况而定。格扇门的处理方法十分丰富，因其轻巧、穿透，被广泛用于内部厅室和住宅的大门。一般为四扇、六扇，也可以采用八扇。平时只开两扇，其

吊脚楼具有极强的民
族性与地域性

湘西文化

余用门闩固定。遇有喜庆、亲朋集会时，才将整个厅堂敞开。每扇门宽约0.6米，高2米。门的构造类似于框档门，外面都有几何或者动植物雕饰。

窗是整个吊脚楼中比较引人注目的视觉中心之一，也是建筑中重要的装饰处理部位，窗的形式与大小的选择直接影响到建筑的风格。土家建筑窗饰雕刻的很多题材都借助于谐音的比拟来表达两个对象之间的联系，使人产生美好的联想。如"喜""禄""封侯"，用喜鹊、奔鹿、蜜蜂、猴子四种动物的形象构成画面。并以动物名称的谐音拼成吉祥语言。其他如"喜（喜鹊）事（柿子）连（莲花）年、吉（鸡）庆有余（鱼）、三阳（羊）开泰、六（鹿）合（鹤）同春、五福（蝙蝠）捧寿、喜（犀）牛望月"等等。或者以图案形象和文字来表示，运用通感联想的艺术造型方式创造出奇异独特的动物花卉类艺术形象，将人的主观情感融入其中。如"凤穿牡丹"，土家人把牡丹和凤凰作为窗饰雕刻形象，有富贵吉祥之意；麒麟送子意为"祥瑞降临、圣贤诞生"；"喜鹊登梅"，则体现了人们期盼国泰民安的心愿。另外还有"五

依山而建的吊脚楼

精美的窗雕表达了土家族人对美好生活的向往

子登科""天仙送子""封侯拜将"等，以及身着披风、手持如意的土家族英雄。窗雕等皆显示出土家文化，寄托着土家族人们对幸福美好生活的强烈珍视和向往。

在湘西吊脚楼中窗的形式多种多样，由简到繁、由粗到细，处理手法巧妙而娴熟。依据形式的不同，可以分为平开窗、花窗和隔扇窗等，各具特色。平开窗一般用在吊脚楼或者转脚楼的檐廊下，多为两扇，做法比较细致，棂格的搭接方式和图案处理与花窗的构图原则一样，各种图案与轻巧的吊脚楼相配更增添了几分秀美。花窗也往往用意极深，镂有"双凤朝阳""喜鹊恋梅"等图案，古朴而秀雅。其外形美观，但构造较为复杂，固定于墙上一般不开启。花窗形制变化灵活、自由，纤细的棂格、精致的雕刻和镂花组成一组组丰富、优美的图案，或简洁明快、或复杂精细。不同地区、不同时代的图案形式并不完全是窗本身在功能和工艺上的发展，而是当时、当地社会文化和审美意识发展水平的反映。

栏杆是吊脚楼必不可少的围护构件。吊脚楼中所用的栏杆做法和形式比一般汉民居中的更为复杂和多样，栏杆上多雕有万字格、喜字格、亚字格等象征吉祥如意的图案。根据栏杆的形式可将其分成直栏杆和带花装饰栏杆两大类。直栏杆常用于室内楼梯和回廊等处，它本身又包含两种形式：一种是方棱直条式，无任何修饰，做法简单，仅满足最基本的安全之需；另一种是圆柱式或圆柱雕花式，其木条呈圆柱形，上面刻有纹样，再涂以各色油漆，既坚固美观，又典雅大方。而带花装饰栏杆应用极为广泛，一般安装于走廊两柱之间。因柱距不等，构图处理也不相同。当

古桥旁的人家

湘西文化的丰富内容

湘西凤凰古镇

两柱间距离不大时，一般以两柱之间成一整体图案，或平缓、或突出中心，因楼而异，以美观、安全为原则。当两柱间距离大时，一般将其等分几份，其中每一单元都是类似或一样的图。其搭接方式及图案形式，都与门、窗花装饰处理手法类似，但出于安全需要格比门窗要粗大，雕饰也不如门窗精致和空透。建筑中的梁、柱是重要的承重构件，通常也是重点装饰的部位，但由于湘西地区过去比较贫穷，普通民居住宅的梁柱处理十分简单。有些部位的梁巧妙地运用自然木材的曲线美，而柱基本不加修饰，只在大宅院和公共建筑中才对梁柱加以装饰处理。在吊脚楼中，梁一般都不加装饰，只在主梁中间绘以八卦或裹上红布，是一种吉祥的象征。湘西地区的人比较喜欢动植物纹样，通常梁的两端饰以植物图案，有荷花、卷草等，中间则是动物图案，有狮、虎、麒麟等。悬柱有八棱形和四方形，下垂底端常雕绣球和金瓜等各种装饰。

湘西吊脚楼中不仅蕴藏着深厚的人文内涵，还反映出湘西地区民间工匠高超的技艺，生动地反映出各个时期的社会生产及社会文化的发展水平，具有较强的民族性与地方性。

四　湘西文化的现代化转型

湘西凤凰古镇悠闲
生活的人们

文化是一种生活方式。湘西传统文化以自然经济为基础，在现代化历史进程中，随着商品经济的介入，必然导致文化的现代转型。文化的本质在于创新，创新是文化发展的源泉和灵魂。湘西文化绚丽多彩、底蕴深厚，有着独特的民族性和地方性，但必须更新观念，与时俱进，注入新的时代精神，才能在湘西大开发中有如凤凰涅槃一样获得重生。

引导民族传统文化的现代转型，可以通过两个途径：一是扩大文化交流；二是进行文化创新，扩大文化交流是民族文化走向世界的第一步。经济全球化必将带来全球性的文化交融，通过本国文化和外来文化的融合交流，在立足于本民族文化的基础上吸收其他文化的优秀成果，经过不断交融、重组和整合，才能实现文化的弃旧图新和新文化的产生。中国传统文化的现代化是在中西文化相互交流、相互沟通的过程中实现的。民族地区的传统文化也如此，只有在同外来文化的交流中，才能找到传统文化的弱点和不足，认识到传统文化与现代文化的差距，并汲取外来文化的有益养分，将本民族文化融入世界文化的大潮之中。在进行文化交流的同时，还要注意民族文化的创新问题。文化的本质在于创新，创新是文化发展的源泉和灵魂。创新需要两个承传的基础，传统文化是承传的主要对象，是创新的前提；外来文化是创新依赖的外部条件之一，但外面的世界再精彩也只是"他山之石"。传统文化不可以重复、复制。文化是人从现代的生活中创造出来的，我们有什么样的生活，就应有什么样的文化，处理好承传和吸纳的关系，才能创建出崭新的适应现代化发展的新的文化体系。我们既要大力弘扬民族文化的优秀传统，同时又要立足于社会主义现代化建设的实际，坚持创造既有地域特色、民族

湖南湘西情人桥

湘西文化的现代化转型

特色，又具有时代特色的新文化，营造有利
于西部大开发的氛围和条件。

对湘西少数民族传统文化进行文化创新
和文化转型，必须处理好传承与创新、精华

与糟粕、文化与环境的诸种关系。在民族文化传承方面，应对湘西土家族文化中的精华与糟粕进行认真甄别，对那些与时代精神不相融洽甚至与时代精神完全不合拍的东西，任其经历时代大潮的冲刷，荡涤陈腐，以化腐朽为神奇。对于土家族文化中的精华部分或虽不是精华但经改造能与时代精神相结合的独特成分加以有意识的保护。此外，对土家族文化的不同事象，也应采取"无为"与"有为"并行的态度。如土家族文化中的民居建筑、古镇风貌可以进行积极的开发，但土家族文化中的核心部分民风民俗却很难人为地开发，仅靠

湖南芙蓉镇传统小吃米豆腐

湘西文化的现代化转型

湖南芙蓉镇街景

政府的宣传提倡，或者有意识地对政府机关干部和旅游从业人员进行土家日常语、土家山歌、土家摆手舞的专门培训，也未必能收到实效。因为这类风俗习惯只能散落在偏远的山村，让其以化石般的面貌生长于民间，才有其顽强的生命力。人类历史上许多民族在其文化面临危机或濒临衰竭时，往往从其传统文化中寻找文化复兴的活水和资源。一个民族只有保持丰厚的原生态的文化，才能创造出新文化。如近年来，土家族文艺工作者通过深入发掘传统文化，创造出了《山路十八湾》《山峡我的家乡》《家乡有条猛洞河》等许多脍炙人口的歌曲，受到社会的好评。其他湘西民族文化，如苗族文化、侗族文化、白族文化等，都应该在传承的基础上大胆进行文化的创新。长期以来，不少学者认为现代化和经济全球化的潮流将会导致弱势民族传统文化的生存危机。我们认为，实现现代化不能以牺牲民族传统文化为代价。而且，我们坚信，民族传统文化具有调适重构适应于市场经济的能动秉赋和文化基因，在文化交流和文化创新中实现文化的现代转型，犹如凤凰涅槃一样重新获得新生。